Ecclesia purpurata

LE MARTYRE DU CLERGÉ SOUS LA RÉVOLUTION

PAR

Gabriel AUBRAY

PARIS

LIBRAIRIE GABRIEL BEAUCHESNE

117, RUE DE RENNES, 117

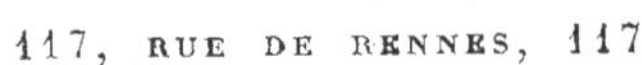

Extrait de " *Cultores Martyrum* ", *Bulletin de l'Œuvre des Martyrs de la Révolution.*

L'Œuvre des Martyrs, fondée en décembre 1913, sous la présidence d'honneur de S. G. Mgr l'Archevêque de Tours, est établie à

Tours, 12, rue du Général-Meusnier.

Elle y a un oratoire. Elle publie le bulletin *Cultores Martyrum* ; distribue gratuitement une *Prière pour les combattants et le salut de la France ;* tient un registre des intentions recommandées et des grâces obtenues.

Ecclesia purpurata

LE MARTYRE DU CLERGÉ SOUS LA RÉVOLUTION

UNE ŒUVRE DE RÉPARATION ET DE SALUT PUBLIC

Ecclesia  purpurata

LE MARTYRE DU CLERGÉ SOUS LA RÉVOLUTION

PAR

GABRIEL AUBRAY

PARIS

LIBRAIRIE GABRIEL BEAUCHESNE

117, RUE DE RENNES, 117

ECCLESIA PURPURATA

Ce mémoire a été écrit, il y a quelques mois, pour un religieux éminent, supérieur de son Ordre, qui, après avoir bien voulu connaître notre façon d'envisager la cause des prêtres martyrs de la Révolution et les raisons que nous croyons avoir d'attendre d'eux le salut de la France, a daigné l'approuver et même en faire sienne la formule symbolique : Ecclesia purpurata, « l'Église sous la pourpre...» Il éta tout confidentiel, et c'est ce qui en excusera un certain caractère personnel dont je suis maintenant bien confus.

Mais M. le Directeur du Bulletin l'a demandé et le veut imprimer tel quel. Je ne me suis pas cru le droit de le refuser, et j'aime mieux risquer un reproche de témérité ou de présomption que d'encourir, au fond de ma conscience, celui de pusillanimité ou de respect humain.

C'est me faire faire un acte de foi public au surnaturel. Soit; il peut avoir sa vertu ; et si je m'en efface moi-même, comme je le voudrais, totalement, pour n'y laisser parler et agir que Dieu, Dieu peut, je le sais bien, mettre dans le plus humble geste humain ce qu'il lui plaît de sa puissance.

C'est aussi une sorte de service de guerre qui est requis de moi : et nul, à certaines heures d'une gravité suprême, ne peut refuser son bras à la manœuvre, ou seulement son idée:

Lors de cette autre grande crise que fut la Séparation de l'Église et de l'État, j'écrivis dans le même sentiment la Solution libératrice et le Dernier refuge. J'y fus un des deux ou trois, mieux écoutés à Rome qu'en France, qui reconnurent et montrèrent le réduit où, ses lignes d'avant brisées, l'Église de France pouvait se retrancher encore et tenir ; et c'est en effet sur ce terrain, bientôt après désigné à nos Évêques et consacré par l'immortel Pie X, que l'Église tient et vit depuis ce temps-là. Or je me comparais, en les écrivant, au petit berger qui, sans rien savoir que sa montagne, mais qui la sait bien, indique à l'armée et à ses chefs la passe cachée par où ils éviteront l'encerclement.

De même aujourd'hui. Je crois d'une foi absolue, puisée dans leur histoire que depuis cinquante ans mon père et moi avons pratiquée, que nos saints prêtres-martyrs tiennent le double secret de nos malheurs et de notre salut dans leurs mains.

Tous ceux qui ont connu de près cette histoire ont éprouvé le même émerveillement. Par exemple, Jules Sauzay, l'érudit franc-comtois, qui accumula dix volumes des documents les plus minutieux sur la persécution du clergé en son pays, et qui est un des hommes ayant, de l'avis de Taine, le mieux pénétré la Révolution, écrivait, en 1867, que

1

le schisme d'Henri VIII ne fut qu'un jeu d'enfant à côté de la perfidie et de l'acharnement avec lequel la Révolution s'est appliquée à séduire, à pervertir, à déchirer et tuer l'Église de France. Or, l'Église anglicane a facilement succombé. Tandis que l'Église de France, qui apparaissait rongée par le gallicanisme, le jansénisme, l'esprit voltairien même, et divisée par l'impopulaire aristocratisme et l'opulence de son épiscopat et de ses hauts dignitaires, par les aigreurs et les illusions politiques du clergé de second ordre, et qui a eu toutes les forces humaines contre elle : une Assemblée élue en qui le peuple avait mis une foi idolâtrique ; un Roi vénéré et très pieux, qui soutint lui-même de son autorité de droit divin la Constitution et le serment schismatiques, la spoliation des biens ecclésiastiques, la fermeture des couvents, etc. etc. ; toutes les autorités civiles et sociales, les magistrats, les légistes, les philosophes, les écrivains, tous les gens de plume et de parole, infernalement habiles à ruiner ses forces vitales, cette Église, se redressant et s'épurant dans la persécution, a miraculeusement sauvé la foi et la liberté religieuse du pays par sa résistance héroïque. « Rien, *disait-il*, ne surpasse la grandeur de ce spectacle ; et c'est une partie de notre patrimoine que cette histoire, que, par une négligence difficile à comprendre, nos enfants ignorent. Nous serions aussi ingrats qu'imprévoyants de laisser le temps en effacer les derniers vestiges. »

A quoi Montalembert faisant écho, dans un admirable article du Correspondant, *prononçait*, « au nom des hommes de son temps et de son opinion, » « son acte de contrition, » *pour avoir trop longtemps méconnu les services et les mérites de notre ancien clergé, et proclamait à son tour :* « Je le dis sans hésiter, après quarante ans d'études sur ces glorieuses annales : il n'y a pas dans toute l'histoire de l'Église une plus belle page. Lorsque, dans d'autres pays et à d'autres époques, le schisme et l'hérésie ont employé des moyens analogues comme en Angleterre et en Allemagne, le clergé orthodoxe n'a que trop souvent succombé à l'épreuve... On ne voit guère que l'Irlande où le corps sacerdotal ait triomphé, au même degré que notre ancien clergé, des ruses et des violences de la persécution. » *Alors, prévoyant, annonçant l'orage qui montait, il suppliait, lui aussi, qu'on mît fin à* « cette honteuse ingratitude », *et qu'on s'attachât à cette histoire :* « Oui, c'est notre patrimoine, et dans ce patrimoine il n'y a rien de plus précieux que les exemples et les enseignements qu'il nous offre pour les épreuves de l'avenir... »

Or, le tocsin de 70 a encore sonné là-dessus sans faire germer de notre sol la réparation nécessaire. Mais l'angoisse des jours présents est trop formidable : je saisis la corde et tinte à mon tour.

Car je crains que, si justice n'est pas enfin rendue à ces ouvriers sacrés de notre salut, nos épreuves ne se prolongent et ne s'aggravent. Et je souffre de ne pas les voir appeler à l'aide, les croyant tout prêts à nous secourir encore. En toute occasion qui s'offre, hier tout bas, aujourd'hui tout haut, je dis donc ma souffrance, ma crainte et mon immense espérance.

Dieu me bénisse ! Et que les martyrs eux-mêmes ratifient mon confiant appel : In hoc signo liberabimur ! (G. A.)

In hoc signo liberabimur.

I

Après avoir assisté en 1911 au pèlerinage à l'île Madame, — principal ossuaire des prêtres morts en 1794 et 1795, victimes de la loi de déportation, — reprenant dans plusieurs articles et conférences l'appel en faveur de ces martyrs oubliés que, pendant près de cinquante ans, avait à diverses reprises sonné mon père, je recueillais de feu M. l'abbé Plumeau, curé de Fouras, un prêtre tout plein de l'esprit surnaturel, fervent de la cause, et qui avait été l'un des premiers promoteurs de leur culte, ce dicton, qu'il avait lui-même recueilli dans la mémoire des anciens du pays, et que j'ai consigné dans mon petit livre de 1912 : *Un Reliquaire national. Les six cents Prêtres martyrs des îles de la Charente :*

« *Il se passera des choses extraordinaires pour la France, quand on honorera les saints de l'île...* »

L'humble et pieux abbé était très catégorique. Sauf qu'il a dû me dire et qu'il pensait certainement : *les saints des îles,* car il avait aussi conduit des pèlerinages à l'île d'Aix, — autre ossuaire, — je me rappelle très nettement qu'à mes demandes pressantes d'expliquer quel genre d'événements cette prophétie populaire annonçait, il répondait n'en pas savoir davantage, mais maintenait énergiquement l'affirmation traditionnelle : « *Oui, des choses extraordinaires, tout à fait extraordinaires...,* » et je crois bien qu'il ajoutait : « de toute espèce. »

Comme en vis-à-vis à cette parole gravement dite, avec une foi impressionnante, et d'où ne pouvait sortir alors qu'une immense espérance de renouveau chrétien par le culte de ces martyrs, il se trouve que par ailleurs j'ai écrit, page 39, en conclusion au chapitre : *Un siècle d'abandon,* la terrible sentence du pape saint Damase, qu'un autre prêtre, très attaché à la cause, m'avait fournie :

« *Hæc Ecclesia moritur quæ martyrum suorum obliviscitur...* Une Église meurt quand elle oublie ses martyrs. »

Historiquement elle me paraissait, comme je l'ai indiqué dans ce chapitre, justifiée par la longue série de nos malheurs depuis cent vingt-cinq ans.

La Restauration, qui avait honoré les victimes politiques de la Révolution, bâti la Chapelle expiatoire de Louis XVI et de Marie-Antoinette, celle du Champ des Martyrs d'Auray, s'était montrée indifférente, pour ne pas dire plus (il y a un texte officiel décisif) aux tentatives de réparation un peu éclatante envers ces héros du sacerdoce. Était-ce une des causes mystiques de sa chute?...

Tous les autres gouvernements, eux, pactisant plus ou moins avec l'esprit antichrétien de la Révolution, avaient étouffé ces voix d'outre-tombe : c'était dans l'ordre; et ils avaient aussi continué plus ou moins à persécuter l'Église. Mais aussi que de catastrophes de tout ordre ! que de convulsions politiques et sociales ! que de guerres et d'invasions !

L'Église de France, elle, souffrait toujours : confiscations, vexations de tout genre, rupture avec Rome, et même violences sur les personnes sous le gouvernement de Juillet et pendant la Commune de 1871, elle repassait par tout le cycle d'autrefois... Mais avait-elle bien rempli tout son devoir envers ces martyrs, dont la belle résistance à la loi schismatique et dont le sang largement versé l'avaient sauvée? Question délicate et redoutable, sujet de méditations troublantes...

Adversaire résolu du gallicanisme des cultuelles, qui, lors de la crise de la séparation, avais vu la *solution libératrice* dans une union de plus en plus confiante de la France avec la Papauté, et aimais de tout cœur les efforts de Pie X pour nous « libérer » et nous surnaturaliser davantage, j'écrivais :

« Qui sait? peut-être un dessein providentiel voulait-il que ces héros, morts pour la liberté, pour l'intégrité de l'Église de France, n'eussent leur jour que quand viendrait pour cette Église une crise nouvelle, où il s'agirait encore de son indépendance et de son indestructible union avec Rome?... quand pour cette guerre d'indépendance recommençante leur aide deviendrait nécessaire!... »

Ces idées, ce double sentiment de crainte et de confiance absolue, ont fait que depuis lors je n'ai pas cessé, au travers d'une vie dispersée, et d'étudier l'histoire de cette persécution, d'en écrire çà et là des fragments, et de réclamer en toute occasion, mais sans doute encore d'une façon trop intermittente et trop timide, l'œuvre de réparation, le culte, individuel et national, que je crois un devoir impérieux, urgent, en même temps qu'une condition du salut public.

Fils de l'historien du *Martyr saint Eutrope,* de la *Terreur en*

Bourbonnais, des *Pontons de Rochefort*, et des *Deux La Roche-foucauld* massacrés aux Carmes, moi-même, qu'on me pardonne de le dire, ancien grand prix d'histoire au Concours général, normalien, universitaire, j'ai pu, je crois, assez bien me reconnaître dans les obscurités et les artifices de l'histoire officielle, voir comment les historiens catholiques se sont laissés trop souvent envelopper par ces nuées. Et quoique il y ait, et de plus en plus, de bons, même d'excellents ouvrages sur l'histoire religieuse de la Révolution, en m'attachant aux prêtres martyrs il me semble que je me suis trouvé placé, sans doute par quelque grâce venant d'eux-mêmes, à un lieu d'observation unique, au point capital et central de cette histoire d'où tout le reste s'éclaire d'un jour meilleur. Plus j'ai étudié les documents les concernant, documents épars dans toute la France et surtout fournis par les publications provinciales, plus s'est imposée à moi la certitude que la *déportation ecclésiastique de 1792-1795*, ou passée sous silence, ou à peine mentionnée par les historiens, effacée de l'esprit public par les scènes tragiques et les drames sanglants de la Terreur, et à laquelle les contemporains eux-mêmes n'ont pas donné et ne pouvaient pas donner sa vraie valeur, a été le plus grand fait de persécution de l'Église ; je dis : non pas seulement celui qui a produit la plus grandiose hécatombe, — de quinze cents à deux mille prêtres environ, sinon plus, — mais celui où s'énonce en une série de lois spéciales, où se traduit en des actes. quelques-uns de plein jour, la plupart obscurs, couverts d'ombre, mais authentiques et officiels, l'entreprise obstinément poursuivie pendant trois ans de la ruine du catholicisme français *par l'extermination du clergé*.

II

C'est toute une histoire à établir, où soient débrouillées les confusions ordinairement faites (le mot lui-même de *déportation* a été pris dans des sens très différents et employé à contre-sens des textes), et où soit dressé sur dates et textes exacts le précis des faits.

J'en ai tracé l'esquisse en un mémoire spécial, dont voici seulement les conclusions : C'est que, dans ces grandes scènes sanglantes qui ont frappé l'imagination et fixé l'attention des narrateurs et des foules, massacres de Septembre, noyades de Nantes, fusillades de la Vendée, de la Normandie et de l'Anjou, guillotinades de la Terreur, déportation du Directoire (la seule communément rappelée et connue), le clergé est facilement confondu avec les autres victimes, aristocrates émigrés, insurgés, contre-révolutionnaires de tout ordre, parce que, effectivement, ces exécutions ne lui furent pas spéciales. Il n'y a que sa part, et relativement restreinte. Trois cents prêtres massacrés peut-être à côté des treize à quinze cents victimes de septembre 1792; cent cinquante environ, noyés à Nantes et qui se perdent dans la masse de quatre à cinq mille Vendéens; deux cents (dont beaucoup d'assermentés) qu'au milieu de plus de deux mille à deux mille cinq cents laïques, le Tribunal révolutionnaire de Paris a envoyés à l'échafaud, et le plus souvent sous des accusations de royalisme, de fédéralisme, de conspiration ou d'opposition à la République; et les quatre cents de Fructidor, mêlés à des condamnés politiques et même de droit commun.

Avec ceux-ci, les seuls dont les historiens officiels aient en quelque sorte laissé venir la mémoire au jour, ils ont eu beau jeu pour acclimater leur thèse, acceptée ou subie plus ou moins par l'opinion publique, que, mises à part les violences des émeutes, ou les excès de la guerre et de toutes les crises violentes, la Révolution n'a été persécutrice du clergé que pour s'être heurtée à sa résistance, et que la Convention, qui a fait ou laissé faire la Terreur, a elle-même établi la liberté des cultes par sa loi de février 1795...

Ainsi, pour la plupart même des catholiques qui croient à une haine satanique de la Révolution contre la religion et qui voient clair que les griefs politiques n'ont été le plus souvent, de la part des tribunaux criminels et des commissions militaires, que des prétextes, de même que pour la masse du public, qui ne sait guère, avec le culte clandestin des granges, que les massacres de Septembre ou les échafauds de la Terreur, les prêtres frappés ont toujours plus ou moins figure de « suspects » ou de « réfractaires ». Et l'idée de cette persécution équivoque, où le clergé fut englobé avec le reste par l'hystérie sanguinaire de la Terreur, rejette à l'arrière-plan, brouille ou efface ce qui fut le vrai grand forfait sacrilège commis par la Loi et au nom de la Nation

contre l'Église; de même que les massacres et la mort sur
l'échafaud de quelques centaines de prêtres ou de religieuses
masque le supplice obscur de plusieurs milliers de prêtres
enfouis dans les prisons de province, étouffés dans les case-
mates de forts lointains ou de pontons perdus en mer, et
encore aujourd'hui étouffés et enfouis dans le silence de la
grande histoire.

Mais l'histoire authentique de la *déportation ecclésiastique
de 1792-95* met en un jour lumineux, et hors de toute con-
testation, les faits décisifs suivants :

Que la volonté de faire absolument disparaître du sol de
France le clergé fidèle et l'Église catholique romaine a été
affirmée par la Législative dès ses débuts, et explicitement
traduite dès les 6 avril et 27 mai 1792 par les premiers décrets
de déportation frappant les prêtres qui se refusent à la Constitution civile du clergé et au serment condamnés par le Pape,
ou qui seulement s'obstinent à porter l'habit ecclésiastique;
et, les frappant automatiquement, sans jugement individuel,
sans exception pour les vies paisibles, les vertus charitables
et « civiques » attestées par les municipalités, pour les
cocardes tricolores, les fonctions administratives acceptées
et les gages donnés à la politique nouvelle;

Que ce n'est pas parce que le clergé catholique a voulu
soutenir la monarchie qu'il a été persécuté; mais c'est, au
contraire de l'idée courante, parce que la monarchie, après
avoir beaucoup cédé, accepté la Constitution civile, sanc-
tionné les lois du serment, a, devant le sacrilège de la déportation, prononcé enfin le *non possumus*, qu'elle a été ren-
versée comme l'obstacle à la destruction de l'Église, le *veto*
du roi apparaissant de plus en plus dans des documents
certains comme la cause principale de la journée du 20 juin
qui ébranle le trône, et de celle du 10 août 1792 qui le ren-
verse; (et cela jusqu'aux massacres de septembre est à peu
près connu;)

Qu'aussitôt l'obstacle abattu, la lame de fond s'est ruée
ouvertement sur le clergé fidèle (arrestations en masse à
partir du *11 août*, violences, excitations au massacre, projets
homicides);

Que, tout de suite, l'Assemblée, remettant sur le métier
le décret frappé de *veto* du 27 mai, en fait, après quelques
jours d'une discussion d'une extrême violence et au milieu

des commentaires très instructifs des journaux, *la loi générale de déportation* du 26 août 1792, qui envoie : 1° en exil
dans les quinze jours, et en réclusion s'ils sont sexagénaires
ou infirmes ; 2° *en déportation à la Guyane,* s'ils ne s'expa-
trient pas dans le délai prescrit, tous les prêtres insermentés
ou dont six citoyens (quelconques) demanderont l'éloigne-
ment : loi définitive, loi qui va dominer la matière et tenir
l'Église sous le glaive *pendant dix ans ;* loi dont les décrets
des mois suivants et notamment celui du 18 mars 1793
(primes à la dénonciation, peine de mort contre ceux qui
se cachent et dérobent à la déportation, et contre ceux qui
les cachent...) ne sont que le prolongement fatal, que l'application logique aux échappés du filet, aux réfugiés de la
montagne ou de la grange, du principe d'extermination ful-
miné en 1792 ;

Que cette loi, qui frappe elle aussi en masse, *sans exception aucune,* tous les prêtres unis à Rome et qui refusent le
geste ou le serment schismatique (il y a des textes minis-
tériels décisifs sur la non-valeur des serments purement
civiques, y compris celui dit de Liberté-Égalité), a pendant
trois ans environ (1792-1795) été exécutée dans toute la
France, complétée par des mesures et des sanctions de plus
en plus féroces, surveillée, commentée en tous les détails
de son application par les assemblées délibérantes, par les
ministères, les comités exécutifs, les représentants en mis-
sion, les agents nationaux, par toutes les autorités administratives et judiciaires ; qu'elle a produit une hécatombe de
victimes à nulle autre pareille, fauchant à grands coups sourds
la fleur du clergé français : et c'est celle-là qui, s'étant passée
loin de Paris, et perdue dans le tumulte de la Terreur, a été,
pour toutes sortes de raisons, à peu près ensevelie dans
l'oubli ;

Que les échafauds de la Terreur (fin de 1793 et 1794) n'ont
vu et pu voir que les dernières épaves du vrai clergé de
France, puisque à ce moment la loi de déportation avait
depuis plus d'un an fait table rase, dès septembre 1792
jetant hors des frontières cinquante à soixante mille prêtres,
mettant tout le reste en réclusion pour la détention à vie
ou l'embarquement sur les vaisseaux ; et qu'ainsi c'est une
erreur dérisoire d'accuser le clergé *réfractaire* dans son
ensemble d'opposition à la République, de conspiration ou

d'agitation contre-révolutionnaire, puisqu'il a été frappé le *premier partout*, et avant le roi lui-même ; puisque, avant la réunion de la Convention et la proclamation de la République (21 septembre 1792), bien avant le soulèvement de la Vendée (février-mars 1793), la presque totalité du clergé fidèle avait été balayée du territoire ou marquée pour la déportation ;

Que si les prêtres fusillés ou guillotinés par la Terreur sont le petit nombre, et sont mêlés à des laïques dans les mêmes « fournées » (Quiberon, Angers, Izernay, Lyon, etc.), si dans leurs procès l'accusation, à tort ou à raison, met en général de la guerre civile, de la rébellion et de la politique, c'est qu'en vérité les lois de sang, au nom desquelles on les envoie à l'échafaud ou au peloton, ne visent pas uniquement les prêtres, mais tous les émigrés, les suspects, les « fanatiques », autre mot équivoque, et ne sont pas, à proprement parler, des lois contre le catholicisme ; qu'il est donc de prudence d'étudier avec un grand esprit critique le dossier personnel de chacun ;

Qu'il en est cependant un certain nombre que ces dossiers tirent tout de suite hors de pair, mettent au-dessus de tout soupçon d'action politique et de contre-révolution, et marquent, plus manifestement qu'aucuns, des signes du martyre : ce sont ceux contre lesquels les actes d'accusation, les interrogatoires et les jugements n'invoquent que la loi spéciale du 18 mars 1793, ou les deux articles de la loi d'ensemble des 29 et 30 vendémiaire qui la reproduisent : et cette loi-là, c'est encore celle *de la déportation*, qui se complète et s'achève, puisqu'elle ne fait qu'envoyer à la mort, *dans les vingt-quatre heures*, tout prêtre *sujet à la déportation* qui sera trouvé sur le territoire de la République ;

Et si, cependant, cette loi d'extermination, à cause du nombre même et de l'héroïsme de ses victimes, n'a pu être poussée et réalisée jusqu'au bout ; si l'ennemi, s'usant à ce carnage, a dû y renoncer, et sans l'abroger, la gardant au contraire comme un instrument qui pouvait servir encore (il a servi jusqu'en 1797 et au delà ; il a fourni à la déportation mêlée de fructidor un contingent d'innocents) ; s'il l'a, un beau jour, en fait, cassée, violée lui-même, masquant par des artifices de paroles et des lois nouvelles sa capitulation et s'appliquant depuis lors à couvrir d'ombre son coup manqué de tuer le catholicisme français en lui *supprimant ses prêtres*, de quelle importance capitale a dû être pour l'histoire de l'Église, et pour celle de la Révolution, cette bataille générale, cet assaut de front décisif, et qui échoua !

Comme tout le reste de la persécution religieuse doit paraître accessoire, souvent accidentel, — (accidents d'émeute, de guerre civile ou de violence locale,) — ou être remis en son plan, vu et étudié en fonction de cette grande loi voulue, votée et maintenue par tous les gouvernements jusqu'au Concordat !

Et quels hommages, enfin, d'admiration et de reconnaissance seront jamais assez grands pour les héros qui ont rendu la citadelle imprenable et qui ont sauvé l'Église de France ! mais quel sujet d'étonnement, quelle gageure, ou quelle revanche sournoise de l'ennemi repoussé, si cette Église a plus ou moins oublié ses sauveurs, *ses martyrs*, si elle n'a de cette guerre victorieuse qu'une idée embrouillée et confuse, celle à peu près que l'ennemi lui a faite [1] !

III

Mais quelles furent les victimes de cette hécatombe aux trois quarts ignorée ?

Parmi ces victimes, quels sont les martyrs très purs qu'on peut invoquer sans hésitation, sans scrupule, que notre piété, notre culte, les miracles obtenus d'eux, devraient faire

---

[1] Si je prends, par exemple, la grande *Histoire de l'Église* (*l'Église et la Révolution*), de M. l'abbé Mourret, le distingué professeur du Séminaire de Saint-Sulpice, — et je la prends sans la moindre pensée de critique personnelle, mais au contraire parce qu'elle est en général richement informée et au courant des travaux les plus récents, — je constate que, si l'on y trouve relatés d'après de bons auteurs plusieurs des actes éclatants de la persécution religieuse sous la Révolution, le mécanisme même de cette persécution, le plan et le développement de cette extermination du clergé orthodoxe n'ont pas été vus ni montrés ; et avec les données actuelles de l'histoire, à moins d'études toutes spéciales et très minutieuses, il est, en effet, à peu près impossible de les saisir à travers le chaos de lois, circulaires et mesures administratives qu'enfanta l'anarchie de l'époque.

Après cela on s'étonnera un peu moins que dans une récente *Histoire populaire de la déportation,* pourtant écrite en un diocèse où depuis longtemps est menée et bien menée une information générale sur la cause, de grosses erreurs naïvement commises sur les faits, sur les textes, aient dénaturé les lois de la déportation elles-mêmes et le caractère de leurs victimes...

monter très vite, — et pour notre salut même, — dans la gloire de la canonisation et la lumière des autels?

Sans retracer ici leurs supplices, je me borne à énumérer les divers groupes du *martyrologe de la déportation* tels que je les entrevois.

I. — On peut y mettre les massacrés de Septembre, quoiqu'ils n'aient pas été, pour la plupart, en état de choisir entre l'exil et la déportation, étant déjà arrêtés quand la loi est devenue définitive au 26 août, et que, selon plusieurs témoignages, aussitôt qu'elle fut apportée et affichée dans leurs geôles, ils se soient préparés à lui obéir et à demander leurs passeports. Mais leur arrestation, les fureurs et les violences déchaînées contre eux ont fait partie de la préparation de la loi, en ont accompagné la discussion; leur mort a sonné le tocsin de son exécution. Internés par provision, ceux de Paris, et à part, comme prêtre insermentés dont on allait régler le sort, ils ont été tués aussi *à part*, et c'est par eux, *au couvent* de l'Abbaye (non pas à la prison), puis au couvent des Carmes, que le massacre a commencé.

Avec eux, ceux que, à la même date et par toute la France, au seuil des maisons d'arrêt, dans les ports d'embarquement ou sur les routes où ils s'enfuyaient, des foules hurlantes ont tués, transpercés, traînés en lambeaux pour terroriser les autres, ont sans doute le droit d'être placés en tête du cortège des prêtres pourprés du martyre, et d'être appelés *les massacrés pour la déportation* : trois ou quatre cents peut-être quand la récension complète sera faite.

Les scènes affreuses de leur supplice ont scandé et précipité l'exode général, ne justifiant que trop contre tout reproche de désertion ceux qui sont partis en exil, mais rehaussant d'un éclat superbe l'héroïsme de ceux qui sont restés sous de telles menaces, ou sont rentrés après le simulacre d'un faux départ...

II. — Chapitre à part pour ceux qui, septuagénaires, malades ou déportés en attente, sont morts dans les maisons départementales de réclusion, où, d'une façon générale, les rigueurs ne furent pas trop cruelles, où cependant un assez grand nombre (comme à Nantes, Angers, Rambouillet, Lyon), périrent sur la paille, de la dysenterie et des mauvais traitements... Les morts de la réclusion, comme ceux de l'exil, peuvent être des martyrs aussi par des privations et des souf-

frances dont la longueur fit souvent un accablant supplice :
l'héroïcité de leur courage, toutefois, n'éclate pas d'emblée,
puisque de la loi de 92 il leur échut la part la moins féroce,
et qu'ils n'eurent pas, eux, à braver l'inconnu formidable du
transport à la Guyane...

III. — Mais victimes de la déportation, au premier chef,
et confesseurs de la foi sinon martyrs, ceux qui, reconnus
valides et triés par les commissions médicales, ont été dirigés
sur les ports en vue de l'embarquement, et sont morts dans
les prisons de Nantes, de Brest, de Rochefort, de Saintes,
de Bordeaux notamment, où ils ont été concentrés douze à
quinze cents, ou sur les routes qui les y menaient et sous les
avanies du voyage.

De ceux-là qui n'ont pas quitté terre, mais qui cependant
ont péri dans le premier acte de la déportation et par la déportation, il faut mettre en un jour plus haut les malheureux
qu'à la citadelle de Blaye on a contraints aux plus durs et
avilissants travaux ; ceux qui ont connu l'horreur des case-
mates voûtées du fort Pâté, en Gironde, ruisselantes d'eau et
envahies de vermine ; et les deux cent cinquante environ qui,
après les prisons de Bordeaux, les six mois de tortures sur
les vaisseaux, sont allés, tandis que les autres étaient libérés,
endurer pendant onze mois encore les privations, le scorbut,
la fièvre, dans la forteresse de Brouage. Ci, près de trois
cents morts.

IV. — D'un degré au-dessus de ces *suppliciés de la forteresse* sont les *suppliciés des vaisseaux* : galiotes de Nantes,
pontons de Bordeaux et de Rochefort, où, entassés dans des
entreponts pestilentiels, dépouillés de tout, couchés les uns
sur les autres, dans leurs vêtements en guenilles, rongés
de la gale et de toutes les vermines, dévorés des maladies
les plus répugnantes : typhus, dysenterie, fièvres putrides,
démence, lèpres et gangrène, on peut d'un mot résumer leurs
misères en disant qu'on les a laissés ou fait pourrir tout
vivants. Bien près de six cents, je pense, quand on les aura
retrouvés tous... (Ce récit est fait dans ma première brochure.)

V. — Et il y a encore les *noyés de la déportation*, c'est
à savoir les deux lots de quatre-vingt-trois et cinquante-trois
prêtres qui, par les bateaux truqués de Carrier, furent englou-
tis dans la Loire. Car c'est sur des prêtres que Carrier s'est
fait la main, comme les septembriseurs. Les deux premières

noyades, celle des nuits du 16 novembre et du 9 décembre 93, furent de *prêtres exclusivement*, et non pas de prêtres accusés de chouannerie, mais du reliquat de vieillards, d'impotents, qui, arrêtés au nom de la loi du 26 août, comme *sujets à la déportation*, n'avaient pas pu être envoyés en Espagne ou aux pontons de Rochefort. Ici encore c'est le sacrilège qui a déchaîné l'affreuse orgie de sang.

VI. Enfin ceux que j'appellerai les *guillotinés de la déportation*, — nombre tout à fait indéterminé, — c'est-à-dire ceux que des articles de loi spéciaux ont envoyés à la mort, non pas, si l'on veut, sans jugement, mais sans procès, automatiquement aussi, pour le seul fait d'avoir été trouvés sur le territoire de la République, étant dans le cas de la déportation, après les délais. Ceux-là, que je distingue des autres victimes de l'échafaud (j'ai dit à *quel signe certain* on les reconnaît du premier coup d'œil), dont leurs dossiers révèlent la sublimité, et à qui seraient naturellement jointes les admirables femmes, religieuses ou laïques, mises à mort avec eux pour les avoir cachés, ou avoir entendu leur messe, feraient l'apothéose éclatante de cette incomparable épopée.

L'histoire de l'émigration a été faite : à peu près celle de la vie en exil des cinquante à soixante mille prêtres qu'a jetés hors de toutes nos frontières et voués à bien des misères la proscription de la loi du 26. Comment n'ont-ils pas encore le livre d'or de la leur, les quelques milliers de héros qui ont encouru la réclusion, la déportation, et plusieurs enfin l'échafaud, plutôt que de partir, et qui, pendant les trente mois de la grande tourmente, ont été tout ce qui restait de l'Église de France sous notre ciel?...

IV

Or, en même temps que je réunissais des documents en vue de rectifier les trop grosses erreurs courantes et de débrouiller enfin cette histoire, j'ai quelque peu travaillé, avec une insuffisance que je me reproche, à promouvoir le culte de ces martyrs si peu connus, qui m'apparaissaient de plus en plus clairement comme l'Église de France sous la pourpre, *Ecclesia purpurata*, ayant été, sous la Révolution, toute notre Église mise à la passion, continuant d'être, dans la persécution qui se prolonge, notre Église souffrante et méritante, mais impatients, j'en ai la conviction, de devenir notre Église triomphante.

J'ai écrit, j'ai parlé pour eux. J'ai demandé surtout qu'on parlât, qu'on écrivît, qu'on agît davantage. *Ad honorem eorum, ad nostram salutem !...*

J'ai tendu la main à tous les efforts qui se faisaient, ici ou là, pour les honorer. J'ai prié, fait prier. Des grâces sont venues à ceux qui les invoquaient, manifestes, que j'ai vues et touchées, qui m'ont encouragé à professer les deux formules entre lesquelles se balance, je le crois, notre destin. A qui a voulu m'entendre, je les ai ainsi interprétées : que nous n'aurions l'ordre, l'unité, la paix, qu'en nous réconciliant, *par eux*, avec notre passé catholique, meurtri en eux par l'attentat de la Révolution, en reconnaissant et réparant cet attentat national dont le sang crie toujours après nous, en recommençant l'histoire de notre âme française au point juste où, après les spoliations et les désordres sur lesquels le Concordat a passé l'éponge, les lois de proscription et de déportation du clergé fidèle ont brisé notre union avec Rome et fait porter à la nation entière responsable le poids écrasant d'un véritable déicide, non encore avoué et racheté; mais que, au premier mouvement un peu général de la France catholique vers ces saintes phalanges où tous les diocèses et tous les ordres religieux ont de leurs prêtres, il était naturel et logique que ces pasteurs eussent pour leur troupeau revenant à eux les mains pleines de grâces, et que toutes nos épreuves fussent changées en extraordinaires bénédictions.

Que si j'ai quelquefois paru à quelques-uns d'un zèle téméraire et indiscret, qu'il me soit pardonné, en raison de ma sincérité, des inquiétudes de ma conscience, qui m'a toujours, au contraire, reproché de n'être pas assez hardi et agissant.

Aujourd'hui la grave urgence des événements, des conseils qui sont pour moi des ordres, m'obligent, quoi qu'on en doive penser, à dire un mot de ces « témérités » de ma foi au surnaturel, des faits qui ont semblé leur répondre, et à renouveler d'une manière plus pressante mon appel, soumettant d'ailleurs le tout au jugement de l'autorité ecclésiastique, dans un sentiment profond de la discipline.

La guerre, en effet, est venue ! Dans la disposition d'esprit où j'étais, rien d'elle ne devait m'étonner.

Hélas ! pour beaucoup de raisons je ne pouvais pas dire

tout haut, ni même à mi-voix, *durior hic sermo*, que les souffrances de la cinquième invasion me paraissaient dans l'ordre
de notre histoire : et qu'on pouvait craindre de terribles
épreuves tant que le grand vieux crime séculaire ne serait pas
arrêté, et au moins commencée la réparation nécessaire ; —
mais aussi que, par nos milliers de prêtres-martyrs, — nos
saints nationaux par excellence et les vrais maîtres de l'heure,
— tous les miracles, tous les redressements étaient faciles ; et
que la crise présente pouvait offrir à une foi assez fervente
pour l'obtenir l'occasion d'une intervention si éclatante, que la
France en son ensemble fût retournée vers Dieu presque tout
d'un coup, et que la masse des esprits fût libérée de ses erreurs
presque en même temps que le territoire de ses envahisseurs.

Je ne pouvais pas dire cela. Mais, au milieu du plein
enthousiasme du départ d'août 1914 pour la victoire, j'ai consigné sur mon carnet intime les douloureuses angoisses qu'aucun
de mes proches n'a ignorées... Et depuis, à divers moments,
pas aussi souvent que je l'aurais dû, sans doute, je suis
venu, — il y en a des traces écrites, — à ceux qui avaient
qualité pour donner un mot d'ordre, ou à ceux qui pouvaient
se faire écouter mieux que moi, et je leur ai demandé :

« N'est-il pas l'heure de se mettre en marche?... Avertis du
sacrilège, et voyant qu'il n'est pas encore réparé, ne pensez-
vous pas que c'est un devoir qui ne souffre plus de retard,
et que la méconnaissance de ce devoir pourrait ne pas demeu-
rer impunie?... »

Or, plusieurs de ceux qui, pensant comme moi, et souvent
hors de moi, loin de moi, — ce qui est une rencontre émou-
vante, — ont prié comme moi et, mieux que moi, réalisé
quelque sacrifice, portent volontiers témoignage de la protection et des faveurs individuelles qu'ils croient avoir obtenues par cette voie pour eux et pour les leurs.

Les autres, qui n'ont pas senti ainsi que nous ce devoir
et n'ont pas tenté cette voie, il faut laisser à leur conscience
le soin d'examiner s'ils n'ont pas achoppé sur quelque mé-
compte, et à la grâce des martyrs le temps de les toucher.

Mais tous ceux à l'optimisme desquels je me suis pendant
plus de deux ans buté, qui, croyant la victoire toujours
proche et facile, ne jugeaient pas nécessaire ce secours excep-
tionnel, peuvent bien reconnaître à cette heure que mon
inquiétude avait quelque chose de prophétique, quand,

malgré les signes favorables, elle émettait la crainte que le salut ne nous vînt pas sans la pénitence, et la thèse que la vraie pénitence ne pouvait être sans que fût reconnu et désavoué le crime essentiel de la Révolution contre l'Église, celui qui a depuis cinq quarts de siècle mis la France en état de péché mortel...

Car l'erreur qu'il faut tout de suite prévenir, celle contre laquelle je me suis heurté plus d'une fois, c'est de croire qu'il y a là une « dévotion de guerre » comme une autre, et qu'on est libre de se refuser à elle, pour réserver toutes ses implorations et prières à saint Michel, à Jeanne d'Arc, au curé d'Ars, ou à la petite sœur Thérèse.

Qu'on permette à qui est allé à Rome pour la béatification de Jeanne d'Arc, et à qui a fait le pèlerinage à la tombe de Lisieux, de relever vivement ce qu'il y a dans cette idée d'ignorance, d'incompréhension, ce qui souvent y domine de fantaisie et d'individualisme.

Dans l'ordre du *devoir,* il est évident que la cessation d'un scandale, la réparation d'un sacrilège, d'un crime ou seulement d'une injustice, prime l'obligation d'hommage aux plus grands saints du Paradis. Nous ne *devons,* sans doute, aucun sacrifice particulier, même à saint Michel, *avant* d'avoir payé notre *dette* à qui nous a sauvés. Et qui a une fois compris que ce sont les prêtres martyrs de la Révolution qui nous ont sauvés du schisme, qui nous ont conservé l'intégrité de notre *Credo* et de notre culte, n'admettra pas un instant qu'il n'y ait une dette, et lourde, de toute la France catholique à leur égard. Non, ce n'est pas une dévotion « comme une autre » et de libre choix, puisqu'il y a un immense sacrilège à expier, et un sacrilège national, le crime de la Révolution contre l'Église, un crime, on le doit sentir, qui se prolonge par notre négligence à le racheter, et qui, on peut le craindre, risque d'attirer sur tous et sur chacun des malheurs.

Il existe une *œuvre de réparation nationale envers Jeanne d'Arc.* J'en approuve pleinement l'idée : parce que, si ce n'est pas la France qui a brûlé Jeanne d'Arc, si elle ne l'a jamais oubliée tout à fait, elle a laissé l'outrage lui jeter sa boue, et a mis bien du temps pour aider l'Église, — qui ne peut rien sans l'hommage des fidèles et la *fama martyrii,* — à l'élever sur les autels. Mais combien impérieux, combien

urgent aujourd'hui, et pour chacun, de reconnaître au moins
la dette *criante* envers nos martyrs nationaux, et de préparer
en la reconnaissant la réparation nationale qui leur est due !

Je ne sens aucune dette nationale du même genre envers
la « fleur du Carmel » ; et le bon curé d'Ars dirait, apparem-
ment, lui-même, qu'à nos curés morts pour nous, et dont le
sang sacré fume encore et nous appelle, il faut qu'en toute
hâte nous apportions le tribut de nos pensées pieuses et de
nos prières.

Quant au point de vue, très licite du reste, du secours à
demander en haut pour les besoins d'ici-bas, ne nous dirait-
il pas que, si nous avons le choix, en effet, de nos saints et
de nos morts, il est tout naturel, et de piété filiale, d'invoquer comme intercesseurs ceux-là si proches de nous, que
nous les touchons, pour ainsi dire, de la main ; ceux qui
furent nos *pasteurs*, nos *prêtres*, et qui le sont toujours ;
ceux qui, ayant comme tels la charge du salut de la France,
sont les plus intéressés à ce que le sacrifice de leur vie, fait
pour ce salut, ne soit pas vain, les plus empressés à secourir leurs ouailles et les petits de leurs ouailles en toutes leurs
détresses, à libérer de tous ses maux le territoire et l'âme
de leur pauvre pays...

Est-ce que ceci d'ailleurs peut nuire à cela ? Et la grande
voie du surnaturel où ils nous engagent n'absorbe-t-elle pas
tous les petits chemins ?

Je dirai, pour l'exemple, que la dévotion au Sacré Cœur,
dévotion par excellence de pénitence, d'expiation, d'amour,
et dévotion française, a été comme baptisée ou consacrée de
leur sang. Ce n'est pas seulement sur la poitrine des Vendéens et dans les papiers de Madame Élisabeth qu'elle se
montre. Avec quelle émotion je l'ai souvent rencontrée dans
les documents de l'histoire de nos martyrs, dans les déposi-
tions de procès, où tel massacreur de l'Abbaye apparaît
« montrant l'image d'un cœur enflammé qu'il dit être la
figure de ralliement qu'on a trouvée sur les détenus », dans
l'inventaire de leurs dépouilles, dans les levées des scellés
apposés sur leurs chambres, où les officiers municipaux ou
les juges de paix, notant « des scapulaires et des cœurs
contre-révolutionnaires », traduisent en style officiel la calom-
nie courante : que les prêtres et leurs partisans se sont dis-
tribué l'image rouge pour se reconnaître entre eux dans la

2

Saint-Barthélemy de patriotes qu'ils voulaient faire. Et ce symbole, avec celui du Cœur de Marie, percé d'un glaive, qu'on retrouve aussi sur eux ou dans leurs effets, devient plus cher encore quand il évoque leur sanglant sacrifice, et leur cœur, à eux, parfois arraché de leur poitrine et présenté à la foule; quand on voit que les catholiques, ainsi que l'explique le Père Barruel, ainsi que le montrent et tant de prières intimes mises au jour par les perquisitions révolutionnaires et tant de suppliques conservées aux archives du Vatican, et le décret même de béatification des Carmélites de Compiègne, que les catholiques, dis-je, s'étaient mis à l'honorer d'une façon particulière depuis les mauvais jours pour *conjurer l'amour de Jésus-Christ d'écarter de la France le fléau de l'impiété et les désastres dont la haine de Dieu devait être suivie.*

Et le fléau de l'impiété a été vaincu, arrêté au moins dans sa marche. Et si la France a subi des désastres; elle a été sauvée de la ruine, elle a pu gagner le refuge provisoire du Concordat.

Rétablie dans sa vérité, jusqu'ici étouffée, obscurcie ou faussée par l'esprit de ténèbres avec une vigilance redoutable, cette histoire, quand on lui rend son centre, son sens et l'enchaînement logique de sa trame, montre cette grande offensive de la haine, cette bataille générale et de front qui devait décapiter l'Église et tout emporter, après trois ans d'un assaut furieusement acharné, aboutissant à une honteuse défaite, au recul de la loi du 21 février 1795, si bien éclairée en son hypocrisie par le rapport grinçant de rage de Boissy-d'Anglas.

Assurément, il y a la Vendée frémissante, quoique toujours écrasée; des insurrections diverses, les sursauts des *thermidoriens;* tout ce qui résista eut part à la victoire... Mais il y a aussi ces rapports des proconsuls de la Convention (le recueil Aulard n'a pas réussi à les supprimer tous), qui signalent de divers côtés le mal fait à la République par la persécution violente du clergé; et, très explicitement, plusieurs dénoncent les lois de déportation et de mort contre les prêtres comme la cause principale de l'exaspération des populations et de leur attachement à eux. Or, à la date où cela est écrit (décembre 1794), la Convention, au dehors et au dedans, a vaincu ses ennemis. Je la vois encore à ce moment qui, par les lettres de son Comité exécutif à ses agents, approuve, encourage « tous les moyens » pour « terrasser le monstre du fanatisme ». C'est en ce mois qu'elle a achevé ses chargements sur les vaisseaux pour la déportation...

Mais c'est bien à ce rocher de l'île Madame et dans ces vases de la Charente qu'elle vient échouer, puisque la voilà qui, dès janvier 1795, ordonne le débarquement à Saintes des trois cents plus malades parmi les survivants, et que les décrets de libération individuels se succèdent et se multiplient en février et en mars, jusqu'aux grandes listes qui, autour de Pâques, évacuent tous les navires, et renvoient dans leurs départements, non pas même en réclusion, mais libres, ceux qui n'ont d'autre titre à cette faveur, presque illégale, que l'héroïsme de leur résistance et de leurs souffrances. Et qu'il y ait eu de la pitié, de l'humanité pénétrant enfin dans les cœurs pour coopérer avec les calculs d'une stratégie plus rusée, tant mieux ! et ce n'est pas cela, sans doute, qui écarterait l'idée que ce martyre nous a valu cette délivrance. Les raisons et les moyens de Dieu sont toujours voilés et discutables ; mais le fait est là, rayonnant de lumière. La loi déicide est par terre, et quelque tourmente qu'elle ait encore à subir dans l'avenir, par ces prêtres qui débarquent et qui rentrent en leur pays pour y relever les autels, c'est l'Église qui sort du tombeau, et de loin le Concordat qui se prépare.

V

Mais n'est-ce pas aussi ce martyre qui a fait la France non seulement libérée de l'invasion, mais victorieuse de la coalition qui l'enserrait ?...

Joseph de Maistre, à la lumière de son imperturbable foi dans la Providence, admirait ce mystère que la Révolution, cataclysme « satanique », eût triomphé et eût pu seule, croyait-il, triompher de cette coalition et sauver la France nécessaire à l'œuvre de Dieu. Comment lui, le prophète de la rédemption par le sang, n'a-t-il pas vu, si ce n'est parce qu'il n'en pouvait pas savoir alors l'étendue ni les caractères, que la passion de l'Église de France et l'immolation d'un si grand nombre de prêtres pouvaient bien, avec les mérites de tant d'autres sacrifices, être, par-dessus les causes humaines, la raison mystique de cette victoire?

Sans oser plus, je dirai qu'il y a pour un historien vérificateur de dates, qui possède la foi, des coïncidences frappantes.

Le tocsin de la guerre sonne en 1791-1792 d'accord avec celui de la persécution religieuse. Et ce n'est pas cette fois les Prussiens qui ont commencé, puisque c'est la Constituante qui avait préparé le feu, et la Législative qui a allumé les torches. Aux premières lois de proscription (octobre et novembre 1791) correspondent (je ne hasarde pas : répondent) les premiers grondements du dehors. Puis les mêmes hommes, Brissot, Roland, Vergniaud, ont dans le même temps, en alternant les délibérations et résolutions de l'Assemblée, machiné les décrets de la déportation (6 avril — 27 mai), et lancé les déclarations de guerre à l'Autriche (20 avril) et à la Prusse (6 juillet).

Août, c'est le branle-bas, les arrestations d'insermentés qu'on précipite — et le pas lourd de la Prusse qui viole notre frontière. Le 23 août, l'Assemblée ouvre la discussion sur ce qui va être, le 26, la grande loi de déportation ecclésiastique, et le même jour tombe Longwy. Et Verdun est investi, et les Prussiens y entrent le dimanche 2 septembre, juste au même moment que besognaient les égorgeurs de l'Abbaye et des Carmes. Deux ans et demi de crucifiement de l'Église : deux ans et demi de guerre à toutes nos frontières avec des fortunes diverses...

A partir de décembre 1794, les clous de ce crucifiement commencent à tomber : les négociations de Bâle s'engagent. Pendant les trois mois qu'elles durent, vol continu de ces hirondelles que sont les lettres de libération particulière vers cette rade de Port-des-Barques, où souffrent, prient, espèrent six cents prêtres, où ils peuvent, le jour du Jeudi saint, offrir au ciel le spectacle d'une grandiose communion générale de l'Église survivante. Enfin, le jour de Pâques, leur arrive l'alleluia de la libération en bloc de près de cent d'entre eux, précédant de très peu les autres ; et c'est le même dimanche, 5 avril, à 6 heures du soir, que, tout d'un coup, sur des nouvelles inquiétantes de Paris, Barthélemy se décide à signer le traité de Bâle, qui détache de la coalition la Prusse, promet à la France la rive gauche du Rhin, fait espérer la paix générale, et que d'autres traités vont suivre avec la Hollande, avec l'Espagne, avec la Toscane...

L'histoire, je le sais, ne s'est pas arrêtée là. Je sais qu'il en est qui pensent mal du traité de Bâle, comme je pense moi-même peu de bien de la loi du 21 février. Dans tout ce qu'a fait la Révolution et même dans les négociations du Concordat, il est facile de trouver des calculs, des arrière-pensées impies ou antichrétiennes. Et l'un n'était pas la paix, ni l'autre la liberté; mais c'était de la paix pourtant, et déjà un peu de liberté : mieux qu'une trêve, une aube; le cauchemar de l'invasion dissipé, et brisée, — après les trois jours, — les trois ans du grand deuil ! — la pierre du sépulcre où le corps meurtri de l'Église avait été muré.

Aussi, sans tourner la page où la guerre, — comme la persécution, — va reprendre, où vont s'écrire bien des folies, j'épouse l'exaltation de joie et d'espérance qui gonfla le cœur de mon pauvre frère le peuple, lorsque, au sortir de l'hiver 1794-95, rationné de pain, de viande et de chandelle, ruiné par les réquisitions, ravagé par le brigandage, et privé de Dieu, privé de la messe, de l'hostie et des pardons de l'agonie, il put, dans ces semaines printanières de Pâques et de Quasimodo, voir en même temps des lueurs de paix briller dans son ciel et, au milieu de quelles bénédictions, de quelles larmes, revenir à lui ce qui restait de bons prêtres !

Or, s'il est vrai que les églises aussitôt, de toutes parts, se rouvrirent, que Notre-Dame elle-même fut pour partie rendue au culte le 15 août suivant, et que l'année d'après, comme l'affirment Grégoire et d'autres, plus de trente mille paroisses étaient régulièrement desservies par vingt-cinq mille prêtres sortis de prison, rentrés d'exil ou jureurs rétractés; quel *Te Deum* ne devrait pas ici chanter l'Histoire, pareil à celui du Concordat ! Et n'est-ce pas une raison de plus, quand il y en a d'autres, de jeter à travers la tourmente d'aujourd'hui le même cri d'appel et d'espérance : *In hoc signo liberabimur !*

VI

Mais, sans doute, au ciel qui nous fait signe il faut répondre et nous aider nous-mêmes pour qu'il nous aide. Si depuis cent vingt-cinq ans les épreuves ont continué de flageller l'Église de France, et le pays de souffrir tant de maux rongeurs, tant de déchirements, de convulsions, de guerres civiles et la honte de cinq invasions, chacune plus terrible et plus longue que la précédente, qu'a-t-on fait pour honorer, pour appeler au secours ceux qui, dans le grand déluge, avaient été les gardiens de l'arche, ceux qui avaient aussi promis de « faire le chemin » quand on voudrait venir à eux?

Malgré des efforts très louables, quelquefois très beaux, du côté des fidèles, aucun large mouvement encore, rien de digne d'un si grand holocauste, rien qui ait le caractère d'une réparation nationale ou seulement collective.

A Paris, il y a la chapelle des Carmes et son ossuaire, jusqu'au tout récent procès de béatification, encore trop peu visités, mais où commencent à venir les pèlerinages. Preuve qu'il faut matérialiser par des monuments le souvenir, et offrir à la prière des sanctuaires : c'est autour de cette maison des Carmes qu'a cristallisé presque toute l'histoire des massacres de Septembre, et c'est de cette histoire que le beau dossier des deux cent treize prêtres proposés pour la béatification par Mgr de Teil est sorti.

Mais quel signe y a-t-il sur la place St-Germain-des-Prés pour orienter la pensée chrétienne vers les martyrs de l'Abbaye? et combien de catholiques connaissent seulement l'endroit où fut Saint-Firmin?

En province, çà et là, dans quelque église un médaillon, une plaque de marbre, une inscription, cherchent à sauver de l'oubli le nom d'une victime. En trouverait-on dans toute la France un demi-cent?

Mais où sont les églises votives, les croix funéraires, les simples *Hic ceciderunt,* marquant les principales stations du grand calvaire de nos prêtres martyrs et les lieux ensanglantés de leur supplice?

Les hommages de la piété publique jusqu'à ces derniers temps sont presque toujours demeurés isolés, mal éclairés, mal soutenus, et n'ont pas, par conséquent, fait trouée dans l'indifférence générale. Si, par exemple, Bordeaux, Blaye et Nantes ont dressé quelque commémoration spéciale de leurs hécatombes sacrées, qui le sait? Et pourquoi notre ignorance?

Des tentatives ont été faites de divers côtés, et notamment en Saintonge, pour les suppliciés des pontons. Une sorte de maléfice a presque toujours brisé les efforts, lassé ou mis en conflit les bonnes volontés. Le diable, disait l'abbé Plumeau, veille toujours là où le surnaturel est en travail...

Summa, depuis quelque dix ans une demi-douzaine de pèlerinages tout locaux à l'île d'Aix, puis à l'île Madame ; à l'entrée de celle-ci une croix plantée en 1910, un très modeste oratoire aménagé en 1912 ; à Brouage, un tout petit autel inauguré vers la même époque, sont à la fois la preuve de nos tiédeurs et les grains de sénevé d'une grande espérance.

A Tours... (*Il n'est pas besoin de reproduire ici ce que signalait le mémoire : l'exposition des souvenirs de la persécution à la Saint-Martin de 1913 ; l'Œuvre des Martyrs fondée en 1914 sous le patronage de Mgr l'Archevêque ; la* Prière pour les combattants, *partie de là et répandue par milliers à partir de 1915 ; l'oratoire de Notre-Dame des Martyrs, et la messe qui depuis mars 1916 s'y dit tous les jours ; le registre des grâces ; le Bulletin* Cultores Martyrum, *et les* Acta martyrum... *Il y faudrait maintenant ajouter le pèlerinage qu'a mené à cet oratoire, pour la Saint-Martin dernière, le T. R. P. Bailly, et les témoignages de sympathie donnés à l'Œuvre par le journal* la Croix.)

Si je ne parle pas d'Angers et de son Champ des Martyrs d'Avrillé, c'est que là comme à Auray, comme à Orange, comme à Maîche dans le Doubs, et en d'autres lieux, pour religieuse que fût plus ou moins la persécution qui y est commémorée, elle ne fut pas proprement sacerdotale, et c'est, à cause de ses lois particulières et de son importance capitale, de la seule persécution ecclésiastique que j'ai cure... Mais par quelle fatalité faut-il donc que là où le clergé seul versa son sang, comme aux landes de la Croix-Bataille, près de Laval, où furent enterrés les quatorze prêtres guillotinés ensemble, la chapelle élevée en leur honneur ait disparu ?...

L'Église pourtant, du haut en bas de sa hiérarchie, s'est montrée plus d'une fois empressée à recueillir et honorer ces grands souvenirs.

Depuis Pie VI et Pie VII, dont on peut voir dans le Recueil d'Archives du Père Theiner les ferventes manifestations en faveur de ces « confesseurs de la foi » et de ces « martyrs », et les soins pris pour réunir tout de suite les monuments de leur histoire, Rome en maintes occasions a épousé et exalté leur cause.

Elle lui est plus que jamais favorable. Et après cette béatification des Carmélites de Compiègne, déjà célèbre pour la rapidité avec laquelle elle fut obtenue de Léon XIII, le Décret pontifical du 26 janvier 1916, introduisant la cause de Mgr du Lau, des deux La Rochefoucauld et de deux cent dix de leurs compagnons massacrés en septembre 1792, « ouvre la voie, comme dit la *Semaine religieuse* de Tours, à tout le glorieux cortège, trace aux fidèles leur devoir, est de nature à provoquer la confiance dans le renouveau national. »

Et voici qu'à peu de distance, en juin dernier, un autre décret vient d'introduire celle des vingt-huit religieuses d'Orange. Un autre, en décembre, celui de la sœur Rutan, Fille de la Charité, guillotinée à Dax. Dans plusieurs diocèses en même temps, à la Rochelle, par exemple, pour les cinq cents déportés morts à Rochefort, à Arras, pour les Filles de la Charité guillotinées à Cambrai, à Angers pour le curé Pinot, à Tours pour les victimes du diocèse, etc., des dossiers se constituent. Ce zèle et ces succès sont de bon augure.

Ils couronnent ou font naître tout un mouvement d'études historiques, de recherches et de publications de documents qui, de proche en proche, s'étendant par toute la France, sont simplement en train de renouveler l'histoire de la Révolution. Stimulés le plus souvent ou soutenus par leurs évêques, de bons ouvriers d'histoire provinciale, prêtres pour la plupart ou pieux laïques, un peu partout fouillent les archives officielles ou diocésaines, publient des textes, des actes, des dossiers, réimpriment d'anciennes relations, dressent les listes exactes de ce martyrologe, composent de précieuses monographies ou de gros recueils de documents. Je ne nomme aucun de ces ouvrages ; mais il y en a déjà, et il en paraît chaque jour d'excellents. Ce ne sont pas les monuments les moins durables.

VII

Or, les grâces déjà coulent en abondance, pour qui veut y puiser, de ces sources frais ouvertes de l'*Ecclesia purpurata*.

J'ai raconté comment une héroïque et sainte fille de la Charente, allant en 1794 chercher sur les pontons ses deux frères emmenés en déportation, apprenant la mort de l'un, trouvant l'autre décharné comme un spectre et rendu dément par les fièvres, avait « sur les vaisseaux mêmes » « formé le vœu de pouvoir un jour faire célébrer les saints mystères dans l'île Madame, « sur les lieux où reposent les cendres de tant d'illustres confesseurs », et comment ce vœu, qu'elle avait consigné par écrit, dont elle avait en vain poursuivi l'exécution pendant les quarante-cinq années de son admirable vie, un prêtre, amené du coin de terre même de cette exquise Rose-Françoise, l'avait, sans avoir jamais entendu parler d'elle, enfin réalisé, et s'était trouvé, par un hasard providentiel, dire à l'oratoire de l'île Madame la première messe.

Mais, dès qu'on approche de ces martyrs, on est enveloppé et pénétré de surnaturel.

Faut-il mettre quelques faits d'ordre intime ? Pas plus que devant une commission canonique je n'aurai fausse honte à déposer que le père de sept enfants dont j'ai dit, en ma brochure de 1912, la guérison, demandée par une neuvaine aux Martyrs le soir où on le mettait à l'extrême-onction, et obtenue par une chute brusque de la fièvre mauvaise juste le soir du neuvième jour à minuit, c'est moi-même... J'ai dans les mains la lettre d'un grand vieillard chrétien, vénéré dans tout le diocèse de la Rochelle, qui, ayant toujours vu dans les prêtres martyrs « les vrais restaurateurs du culte en France, les puissants préparateurs du Concordat », se rappelant que des familles de Saintes attribuaient au secours qu'elles leur avaient donné certaines faveurs, s'adressait à eux dans la nuit où sa femme, plus que septuagénaire, minée depuis longtemps par une grave maladie arrivée à la crise suprême, était abandonnée par le médecin, vouée à une imminente et rapide agonie... « Deux ou trois heures après le vœu fait d'une neuvaine de messes, vers minuit, les symptômes les plus alarmants disparurent, et après un sommeil paisible la malade était le matin hors de tout danger immédiat, au grand étonnement du médecin, qui ne s'attendait pas à la retrouver vivante » et qui croyait à une amélioration toute passagère. Or, malgré l'âge et l'usure des organes, l'amélioration depuis plus de trois ans s'est maintenue.

Cette autre lettre est d'une jeune femme rencontrée au Calvaire de l'île Madame, le 25 septembre 1914, comme j'allais moi-même remercier les Martyrs d'avoir, tout en leur demandant leur juste part de sang, sauvé la vie de mes deux fils. Elle aussi acceptait pour son mari « toutes les blessures », —

j'ai entendu dix fois le mot, — pourvu qu'il lui fût rendu vivant. Et le 29 septembre, dans une attaque à la baïonnette, le brave était criblé de dix blessures ; évacué très loin, par un transport affreux de quatre jours et quatre nuits, opéré, réopéré dans ses membres attaqués de gangrène, il était, le 3 novembre au soir, déclaré perdu par une complication de pneumonie et de pleurésie purulente, et une seconde fois encore, quelques semaines après, condamné pour une rechute avec infection généralisée. Mais des brins d'herbe cueillis au « cimetière des prêtres » avaient été glissés sous son chevet. Avec une foi absolue, lors des deux thoracentèses désespérées, la pèlerine du 25 septembre invoquait ensemble la Vierge de Lourdes et les Martyrs de l'île Madame... Et, le 8 mars, le malade quittait l'hôpital : il a été, par la suite, complètement guéri et réformé.

On pourrait citer des faits bien étonnants, de tout ordre, et même des plus menus, comme le trait de ce curé de campagne du Canada, qui a raconté, dans une lettre rendue publique, comme il avait, au soir d'une gelée redoutable aux récoltes, mis sur son autel une invocation aux prêtres martyrs et, le lendemain, trouvé son champ seul épargné...

Mais c'est depuis la guerre que les grâces de tout ordre, nouvelles longuement attendues de prisonniers disparus, enfin retrouvés, soldats échappant dans des conditions extraordinaires à la mitraille, ou opérés échappant à la mort, etc., ont paru couler par ce canal : depuis surtout qu'à partir d'août 1915 l'œuvre fondée à Tours a répandu par milliers cette *Prière pour les combattants et pour le salut de la France*, qu'un prêtre du diocèse avait conçue, le jour de la fête du Sacré-Cœur, sur le champ de bataille d'Arras, et qui est devenue pour beaucoup un véritable talisman, un registre qui y est tenu des grâces demandées et obtenues n'a pas cessé de se remplir.

Que d'édifiantes « coïncidences » encore, que de mystérieux pourquoi ? dans le fait suivant, dont rapport circonstancié fut déposé tout de suite entre les mains de Mgr l'Archevêque de Tours.

Pourquoi, aux vacances de 1915, ai-je choisi longtemps à l'avance, et presque au hasard, pour ma visite à l'île Madame, la date du 25 septembre, — qui devait être celle de l'offensive de Champagne ?

Pourquoi, malgré des difficultés d'y avoir la messe ce jour-là, difficultés qui se sont « par enchantement » trouvées résolues, malgré une indisposition qui s'est trouvée aussi « par enchantement » arrêtée le matin du départ, ai-je maintenu la date et confirmé le rendez-vous donné à des personnes qui me voyaient hors d'état de partir ?

Pourquoi ai-je, quand il avait fait tempête, la nuit, à Rochefort et qu'il pleuvait le matin, affirmé le beau temps pour le voyage ?

Qui a voulu que, pour fixer son retour à la voiture, je regarde ma montre en arrivant à la Chapelle et qu'elle marque à ce moment *9 heures et quart*, l'heure historique de notre attaque en Champagne ?

On croira facilement qu'au fond de campagne où j'étais on n'avait aucune idée ni de l'heure, ni du jour, ni du temps même de notre offensive. Et il n'y a pas de télépathie possible, puisque au cours de la messe je n'y ai même pas pensé. Or, je n'ai pas eu non plus l'idée de demander, moi tout seul, avec quatre ou cinq personnes, dans ce minuscule oratoire, la victoire ou la libération de la France... J'y ai seulement et plus modestement demandé, de toute la ferveur de ma communion près du grand « reliquaire national », que, par quelque fait matériel, public ou privé, mais soudain, éclatant, manifeste, signe nous fût donné que notre effort était bon, bonne notre dévotion et notre prière, bonne ma foi invincible en la *nécessité* d'une réparation générale du général oubli, en l'urgence de mobiliser la phalange sacrée de nos prêtres martyrs pour la libération et le salut du pays... Et c'est le lendemain qu'en traversant Angoulême, à mon retour, j'apprenais la victoire qui a fait un moment tressaillir toute la France d'une grande espérance,... qui est demeurée, cette fois encore, inachevée, pourquoi ? pourquoi donc ? Inachevée aussi et comme en suspens toujours — pourquoi ? — le succès tactique qui, le 26 septembre 1916, nous valut la prise de Combles et celle de Thiepval... Il est matériellement certain que j'ai passé cette matinée du 26 septembre à l'île Madame, n'ayant pu cette année organiser mon pèlerinage habituel pour le 25. Mais de quels mots me servir, ou de quelle formule de serment, pour dire, sans ridicule, qu'en partant l'avant-veille j'avais, à des amis un peu sceptiques, affirmé ma conviction qu'il se passerait encore ce jour-là quelque fait éclatant ? Les cinq cents prêtres martyrs français de qui j'allais, avec toute ma confiance, solliciter un signe, *un simple signe*, en faveur de la France, pouvaient-ils, si je promettais de le publier sans fausse honte, le refuser?

Je dis ces choses très simplement, telles qu'elles furent, sans en tirer aucune présomption personnelle. Mais on comprendra, même si l'on en sourit, qu'elles ne peuvent pas ne pas m'apparaître comme une invite, une promesse, oui, un *signe* : que Dieu veut notre délivrance par cette voie, et qu'il attend...

VIII

Quiconque est disposé à le penser comme moi sera facilement prêt à me demander ce que je crois qu'il attend, ce que je demande ou propose de faire.

Or, simple laïque qui ne possède aucune autorité dans l'Église, je ne suis pas non plus assez humble pour avoir des visions que je n'ai pas demandées, ni assez pur pour entendre des voix. Tout en croyant, comme chacun en a le droit, que ces martyrs ont fait et feront toutes sortes de choses extraordinaires et de miracles, dès lors qu'il y a un devoir sacré d'hommage et de réparation à leur égard, pas n'est besoin, je pense, qu'un ordre exprès nous vienne par une voie merveilleuse.

Et quiconque fera seulement ce premier geste de bonne volonté d'être curieux de leur histoire ignorée ou faussée, et de se pencher sur leur souvenir, fera, je n'en doute pas, bientôt le second, qui est de se mettre à genoux, de les prier, de leur demander à eux-mêmes, avec la lumière et le courage de quelque effort à tenter, la preuve de leur sainte intervention.

Tout ce qui, en ordre très dispersé, a été fait jusqu'ici, peut servir d'exemple et fournir un point d'appui.

Puisque sous la nécessaire direction de la hiérarchie se sont déjà affirmées au grand jour les formes diverses du culte privé qu'autorisent les canons : oratoires, pèlerinages, messes, ex-votos, prières,... chacun, suivant le moyen à sa portée, doit entretenir, étendre autour de lui, exalter le culte de ces martyrs du sacerdoce français, et par la prière, les vœux, les sacrifices, les chapelles votives, les croix, les calvaires, faire descendre sur soi, sur les siens, sur le pays, les grâces dont ils ont les mains pleines, et les miracles nécessaires à la fois pour leur canonisation et pour notre salut.

Leur phalange est assez nombreuse pour qu'en outre de la dévotion générale qui se propose, — ou s'impose, — à notre piété, la dévotion de chacun choisisse, pour lui adresser ses demandes personnelles, tel personnage ou tel groupe que des liens de parenté, de voisinage ou une confiance particulière lui conseillent d'invoquer. « Cela, nous dit-on, est d'une extrême importance pour faire acte des grâces obtenues en vue des procès de béatification. » Car c'est la béatification qui leur est due et qu'ils veulent. Qu'on aille à eux et ils « feront le chemin » !...

Concurremment avec cette œuvre sacrée, il y en a une autre à poursuivre, pieuse aussi, mais d'un caractère plus libre et, à proprement parler, plus profane : c'est la recherche et la mise en valeur des souvenirs de leur persécution, souvenirs matériels comme ceux qu'on a réunis au petit musée de Tours et à l'évêché de la Rochelle,... portraits, autographes, dessins, photographies, débris sanglants, christs mutilés, gobelets-calices et ciboires d'étain des chapelles secrètes, toutes leurs « reliques », tout ce qui peut évoquer et rendre présent aux yeux leur martyre. Il y a là, dans chaque département, d'intéressantes et faciles initiatives à prendre. Mais aussi, ne serait-il pas juste et d'exécution aisée, que, comme le demandait déjà mon père, il y a cinquante ans, dans la paroisse de chacun de nos martyrs, aux lieux qu'il évangélisait lorsqu'il en fut violemment arraché pour être conduit au trépas, — j'ajoute : sur la maison ou la ferme dans laquelle ils ont dit la messe et ont été arrêtés ou massacrés, — une plaque commémorative, un mot, un signe, le rappelât à ses parents, à ses successeurs, aux fidèles ?... L'honneur des familles s'intéresserait bien vite à ces hommages dès qu'ils seraient à l'ordre du jour. Même, comme le remarque M. l'abbé Audard, les descendants de celles qui eurent quelque lien avec les persécuteurs ne seraient pas toujours les moins zélés à faire l'union sainte autour de ces monuments expiatoires...

Mais, pour que tout cela devienne possible, pour qu'on ait, partout où on ne l'a pas encore, l'idée et le goût de ce double culte, la première condition c'est que l'on connaisse leur histoire, et que cette histoire, jusqu'ici très embrouillée, soit établie sur des fondements très solides. C'est un immense travail, et pour lequel les études locales, les monographies, les publications sur place de documents, d'archives, sont indispensables, puisque c'est par toute la France que cette persécution s'est répandue, et a chassé en tous sens les membres errants de l'Église dispersée. Or, de ces publications de province il y en a déjà un certain nombre, et il y en a de bonnes, d'excellentes même, il y en a surtout qui contiennent des documents très précieux. Mais il en faudrait beaucoup plus, et menées en chaque diocèse suivant une bonne méthode. Puis, nos travailleurs de province ne sont pas toujours préparés à cette besogne ; ils sont isolés, mal outillés en bons livres, ils s'ignorent les uns les autres, ou se passent les uns les autres et éternisent, par leurs livres, les anachronismes, les noms déplorablement estropiés, rendus méconnaissables, les erreurs de faits et de dates les plus grosses ; d'ailleurs, la biographie, les souffrances et la mort des prêtres qu'ils étudient appartiennent souvent à des diocèses différents et fort éloignés les uns des autres, ce qui multiplie les difficultés d'information et les chances d'erreur. Ils auraient donc absolument besoin qu'une manière de comité central d'études leur servît de bureau de renseignements ou d'organe de liaison, les tînt au courant de ce qui n'est plus à faire, ou de tout ce qui peut leur être utile, leur épargnât les tâtonnements, les fausses pistes, les doubles emplois, les copies coûteuses d'archives déjà imprimées, leur signalât les livres, les collections, les dépôts, où ils trouveraient d'emblée les matériaux d'excellente qualité qui leur manquent, qui, souvent sans qu'ils s'en doutent, sont absolument nécessaires à leur ouvrage...

Adoptée en plusieurs diocèses, soutenue, étendant plus hardiment son action, développant son *Bulletin, l'Œuvre des Martyrs de la Révolution,* établie à Tours, pourrait devenir cet office central ; ou une autre du même genre, qui se fonderait tout exprès, si celle-ci, par modestie ou autres raisons, gardait un caractère régional.

D'ailleurs l'idée, sans doute, créerait ses organes. C'est l'idée qui, pour le moment, et comme d'urgence, réclame d'être partout semée. Si quelques grands journaux donnaient l'élan, les semeurs, écrivains catholiques, publicistes, prédicateurs, conférenciers, professeurs, ne manqueraient nulle part.

Le même comité ou bureau leur fournirait très facilement la bonne semence d'une documentation pour le moment suffisante.

Cependant, s'il faut tout de suite offrir aux âmes pieuses, — à qui les épreuves actuelles peuvent rendre plus pressant le sentiment d'un devoir de réparation et d'imploration que la guerre n'a pas fait naître, mais qu'elle fait plus impérieux, — un moyen de se grouper pour la prière et l'action, on trouve dans l'histoire même des prêtres-martyrs le type et les statuts d'une association bien tentante.

Ce sont les six cents déportés de Bordeaux qui la mirent sur pied le Vendredi saint, 3 avril 1795, lorsque, après leur grand banquet eucharistique de la veille sur leurs trois vaisseaux, en rade de Port-des-Barques, ils espéraient ces décrets de libération qui allaient en renvoyer le plus grand nombre dans leurs diocèses. Pour « resserrer les liens d'amitié et de charité qui les unissaient, et les rendre durables *comme un moyen propre à procurer la plus grande gloire de Dieu, leur salut et celui de leurs concitoyens* », ils fondaient une *association de prières*, à laquelle ils admettaient les fidèles des deux sexes, et dont les statuts, d'une sobriété, d'une précision admirable, s'appliquent à merveille aux préoccupations, aux besoins et aux facultés de l'heure présente. Les prêtres, à deux dates fixes (Octave de l'Epiphanie, Octave de la Nativité de la Vierge), célébreraient une messe, les fidèles feraient la communion ou une courte adoration du saint Sacrement et réciteraient les psaumes de la Pénitence, les Laudes des Morts, ou simplement le Rosaire, pour remercier Dieu des faveurs versées sur eux depuis le commencement de la persécution, pour lui demander le repos de l'âme des confrères morts, la persévérance des survivants, le courage dans les tribulations à venir, une heureuse mort pour tous, prêtres, fidèles, associés, bienfaiteurs, et en général tous les chrétiens, *le secours sans cesse renaissant de sa miséricorde, de sa protection, l'état florissant de la religion catholique en France, la propagation de la foi et l'extirpation des erreurs et des schismes.*

Je résume, mais cela répond à tout. Et on a deux exemplaires de la formule, signés chacun de vingt-cinq noms : vingt-cinq prêtres, le premier, qui fut écrit sur le *Gentil* même ; vingt prêtres déportés, et cinq pieuses dames, le second qui, daté du 20 avril, doit avoir été établi au passage à Rochefort...

Trente diocèses y sont représentés : les archevêchés d'Auch, Bordeaux, Bourges, Sens, Tours ; les évêchés d'Agen, Angers, Clermont, Dijon, le Mans, Limoges, Montpellier, Poitiers, Rodez, Saint-Flour, Tarbes, Toulouse, Verdun, etc., ce qui n'écarte pas l'initiative ou le concours des autres, tous richement pourvus de martyrs par la déportation et la guillotine.

Cette association, il est probable, n'a pas vécu : la persécution du Directoire, d'abord, puis, après le Concordat, le besoin qu'avait le gouvernement de l'oubli du passé et de la paix religieuse, durent l'étouffer, comme tout rappel du martyre de l'Église...

Mais le Concordat a été rompu, l'Église a souffert et souffre. La France souffre aussi de sa rupture avec l'Église, de l'appauvrissement du catholicisme dans ses veines, et elle est cruellement meurtrie... Pourquoi nos Évêques, si on le leur demandait bien, au moment où Rome, après les Carmélites de Compiègne, après les martyrs de Septembre, vient encore d'accueillir la cause de béatification des vingt-huit religieuses guillotinées à Orange, refuseraient-ils de faire revivre une idée si belle, une association qui a de si pures origines, ou toute autre inspirée du même esprit ?

Un comité de propagande et d'études, un bulletin, une association de prières, voilà, semble-t-il, ce qui doit naître d'un mouvement de piété pour cette cause.

Mais il faut que ce mouvement soit. Il est temps, il est temps, et l'heure presse...

ECCLESIA PURPURATA ! Que la France au plus vite se pare, se protège et se couvre de cette pourpre glorieuse.

Outre que chacun pourrait se retremper, soi et les siens, dans la vertu purifiante et régénératrice de ce sang sacré, qui sait si Dieu n'attend pas cette réparation, cette rédemption, pour clore enfin l'ère de nos invasions et de nos malheurs ?

Gabriel AUBRAY (Gabriel AUDIAT)

37769. — Tours, impr. Mame.

www.ingramcontent.com/pod-product-compliance
Lightning Source LLC
Chambersburg PA
CBHW061124050726
47594CB00005B/2081